BEDEUTUNG DER PLANETEN
IN DEN HÄUSERN

Ludwig Rudolph (WITTE-VERLAG), Hamburg 62

3. Auflage 1979
Alle Rechte vorbehalten
Nachdruck auch auszugsweise nicht gestattet
Copyright by
Ludwig Rudolph (WITTE-VERLAG), Hamburg 62
Gesamtherstellung: Alsterdruck E. Schlecht, Hamburg 71
ISBN-3-920 807-04-9

Bedeutung der Planeten in den Häusern
Die Häusertheorie nach WITTE von Ludwig Rudolph

Der Mensch lebt auf der Erde. Sein Leib ist Erde und wird wieder Erde. Er wird über die Leiber seiner Vorfahren von der Erde ausgesondert und wieder aufgesogen.

Die Erde ist eine Verdichtung scheinbar toter Materie. Man unterscheidet vier Aggregatzustände: fest, flüssig, luftförmig und feurig oder strahlend. Durch die Sonne wird die Oberfläche der Erde zu mannigfaltigem Leben erweckt. Ohne die Sonne wäre die Erde erstarrte Masse.

Man kann somit allgemein sagen, Erde ist erstarrter, unbelebter Körper oder Masse, Sonne bedeutet Leben und Sonne-Erde **belebter, lebendiger Körper**.

Im Hinblick auf die Vielheit der Menschen, die die Erde bevölkern, kann man sagen, daß die Erde der **allgemeine Tummelplatz für die Vielheit der Menschen** ist.

Sonne und Erde sind in steter, gradliniger Verbindung. Durch die Rotation der Erde um ihre Achse von West nach Ost ist der Tag gegeben mit seinen 4 Wendepunkten:

Morgen, Mittag, Abend, Mitternacht.

Durch die Revolution der Erde um die Sonne sind uns die Jahreszeiten gegeben mit ihren 4 Wendepunkten:

Frühling, Sommer, Herbst und Winter.

Diese 4 Wendepunkte der Revolution sind:

| 0° Widder | Krebs | Waage | Steinbock | (Nordhalbkugel der |
| Frühling | Sommer | Herbst | Winter | Erde) |

Die 4 Wendepunkte der Rotation:

| Morgen | Mittag | Nachmittag | Mitternacht oder |
| Aufgang | Himmelsmitte | Untergang | Himmelstiefe |

bzw. astrologisch ausgedrückt:

| Aszendent, | Zenit (MC) | Deszendent | Nadir |
| | | | (unterer Meridian). |

Die 4 Wendepunkte der Rotation sind astrologisch in Bezug auf den Menschen das Kreuz seines persönlichen Erlebens, des persönlichen Horoskops.

Die 4 Wendepunkte der Revolution sind astrologisch in Bezug auf den Menschen das Kreuz seines allgemeinen Erlebens mit der Vielheit der Menschen, des allgemeinen Erdhoroskops.

Geht man nun vom persönlichen Horoskop aus, welches das Bild der antiken Astrologie beherrscht, so steht fest, daß die Sprache des Horoskops — die Bedeutung der vier Wendepunkte oder Ecken des Horoskops — den mit diesen Wendepunkten verbundenen Naturvorgängen direkt entnommen wurden. Der Naturvorgang wurde in Sprache übersetzt.
Morgens geht die Sonne auf; das Leben des Tages beginnt. Übersetzt auf den Menschen, beginnt dessen persönliches Leben, er tritt in die Welt! Das »ICH« beginnt seinen Erdenlauf!
Mittags steht die Sonne am höchsten, der Tag erscheint in seinem höchsten Glanze. Übersetzt auf das menschliche Leben: der Höhepunkt des Lebens, Beruf, Ehren, Würden, Öffentlichkeit.
Nachmittags: die Sonne geht unter; sie mahnt an die Nacht; sie steht im Gegenpol des »Ichs« und mahnt den Menschen an den Partner — das »DU«, mit dem er die Art erhält, bevor er in die Nacht, an das Lebensende kommt.
Nachts ist es finster, alles ruht, die Kreatur schläft, der Mensch hat sich in seine vier Wände, sein Heim zurückgezogen, in dem er Schutz sucht vor den Unbilden der Nacht, in dem er ausruht und sich erholt von des Tages Last und Mühe, um neue Kraft zu sammeln für den nächsten Morgen.
Die menschliche Lebensgewohnheit ist in die geschilderten Naturvorgänge eingeordnet, sie richtet sich nach ihnen, ist ihnen unterworfen.
Das äußere Natur-Erleben wird hier dem inneren menschlichen Erleben gleichgesetzt. Die Naturgegebenheiten werden für den Menschen Gesetz. Diese Tatsache führte in langjähriger Entwicklung und Beobachtung zur Unterteilung der 4 Wendepunkte in je 3, insgesamt also 12 Felder — die 12 magnetischen Felder oder Häuser des Horoskops mit ihren verschiedenen Bedeutungen.
Am Äquator sind diese Felder sowohl vom Wendepunkt des Aufganges, dem Aszendent, als auch vom Wendepunkt des Mittags, dem Meridian, je 30° groß.
Für die übrigen Breiten entwickelten im Zuge des Fortschreitens der Astrologie u. a. Placidus, Cardanus und Regiomontanus die ungleichen inäqualen Häuser.
WITTES Überlegungen gingen andere Wege. Für ihn ist der Meridian das Lot des Ortes auf dem Äquator. Der Meridian bezieht sich also auf den Fundamentalkreis der Rotation. Er wird von Rectaszension auf die Länge der Ekliptik übertragen. Auf dem Äquator ist jedes Haus genau 30° groß. Durch die Übertragung in Länge werden die Meridian-Häuser bis auf 3° ungleich. Der Meridian ist also die Spitze des 10. Hauses des **M-Horoskops.**

Der Geburtsort ist vom Erdmittelpunkt gesehen Spitze des 10. Hs. im Meridian-Horoskop.
Der Aszendent ist nun aber das Lot des Ortes auf die Ekliptik abzüglich 90°. Das Lot des Ortes auf die Ekliptik ist also

> die Spitze des 10. Hauses des Aszendenten-Horoskops.

Der Geburtsort ist also vom Erdmittelpunkt gesehen Spitze des 10. Hauses des **A-Horoskops.**
Das Sonnen-Horoskop: Steht die Sonne im Steinbock, so befindet sich der entgegengesetzt stehende Erdkörper in 0° Krebs, somit ist die Erde

> Spitze des 10. Hauses im **Sonnenhoroskop.**

Deshalb wird die Sonne auf den Steinbock-Punkt gesetzt, um das sogenannte Sonnen-Horoskop zu erhalten. Die Erde ist der Körper, der durch die Sonne belebte, lebendige Körper, daher gibt dieses Horoskop Auskunft über die körperlichen Beziehungen.
Der Mond ist der Trabant der Erde. In 0° Krebs steht er, von der Erde gesehen, an der

> Spitze des 10. Hs., daher **Mond-Horoskop.** = Mond auf Krebs.

Der Mondknoten ist der Schnittpunkt der Mondbahn mit der Erdbahn. Mondknoten auf Waage läßt den Krebspunkt als

> Spitze des 10. Hs., als Hochpunkt der Mondknotenbahn erscheinen, daher **Mondknoten-Horoskop** gleich Mondknoten auf Waage.

Bei den **Planeten-Horoskopen** steht die Erde im Hochpunkt,

> an der Spitze des 10. Hs., wenn der Planet auf 0° Steinbock gesetzt wird.

Die Erde ist der Tummelplatz der vielen Menschen, auf ihr vollziehen sich deren Schicksale, daher ist sie bei dieser Häuserbetrachtung primärer Faktor.
Beim M- und A-Horoskop übernimmt der Geburtsort bzw. der Geborene als lebendiger Körper die Rolle der Erde.
Damit dürfte klargestellt sein, daß Spekulationen auf andere Grundstellungen für die einzelnen Horoskope, wie sie versucht werden, die erforderliche, tragende Grundlage entbehren und von uns abgelehnt werden müssen.

Die Planeten haben nach Alfred WITTE ihre verschiedene astrologische Bedeutung dadurch, daß sie im Strahlungsfeld der Sonne in Kugelschalen verschiedener Entfernungen ihre Bahnen ziehen. Diese Kugelschalen haben

unterschiedliche elektrische, magnetische oder strahlungsenergetische Färbung.
Die astrologischen Häuser und die Bedeutung der Planeten in ihnen sind abhängig

von den Bewegungen des Planeten Erde im Raum,
in der ihr mit ihrem Monde zugehörigen
Kugelschale und ihrer Bahn im Winkel E.

Die Bewegungen der Erde sind

    a) die Präzession, das große Jahr der Erde
    b) die Revolution, das Erdenjahr
    c) die Rotation, der Erdentag.

Das menschliche Leben von höchstens 80—100 Jahren läßt nur b) und c) für astrologische Untersuchungen hauptbedeutsam werden.
Für b) ist Basis die Ekliptik und die Häuser des Aszendenten.
Für c) ist Basis der Himmelsäquator und die Häuser des Meridians.

Bedeutung der Planeten

- **MC**   Die **Persönlichkeit** des Geborenen, die Seele, das Ego, seelische Erlebnisse und Eigenschaften, seelischer Einfluß; das persönliche Streben zur Höhe des Lebens, zum Licht. Die Einstellung in der Öffentlichkeit, Beruf, Berufung. Die Minute.
- **Wi**   **Die Allgemeinheit,** die Straße, die vielen Unbekannten mit denen man vorübergehend zu tun hat, ohne ihre nähere Bekanntschaft zu machen, tellurische Einflüsse.
- **So**   **Der Körper** (vom Geist beseelter, lebendiger Körper). Das Leben, Lebenswille, Lebenskraft, der Tag.
- **AS**   **Verbindungen** und Bekanntschaften, die **engere** Umwelt, Verwandte und engere Bekannte. Die anderen Menschen, durch welche der Geborene zur Welt kommt, durch welche er körperlich und charakterlich beerbt und beeinflußt wird.
- **Mo**   **Weibliche Personen,** das Volk, viele Personen. Die Stunde, Vorgänge im Gehirn, das Gemüt. Drüsen, Sekrete, Flüssigkeiten.
- **Kn**   **Verbindungen,** Anknüpfungen, Beziehungen.
- **Me**   **Intellektuelles.** Gedanken, ihr sprachlicher, schriftlicher und mimischer Ausdruck. Ideen, Planungen, geistige Entwicklungen, Nachrichten, Beweglichkeit, junge Leute.

Ve	**Liebe,** Harmonie, Frieden, Schönheit, schöne Kunst, Musik, Vergnügen, Sinnengenuß, Geschmack, Annehmlichkeiten. Weibliche Personen, mütterliche, fürsorgende Frauen.
Ma	**Tatkraft, Tätigkeit,** Wille, Impuls, **Handlung,** Ausführung, Impulsivität, Leidenschaft, Entzündung. Männliche Personen, Arbeit, Beschäftigung.
Ju	**Glück, Erfolg,** Zufriedenheit, Wohltuende Einflüsse. Ausdehnung, Fülle, Geld, Gerechtigkeit, Wohlwollen, Freundlichkeit, Güte.
Sa	**Trennungen, Hemmungen.** Schwierigkeiten, Verluste, Widerstände, Verzögerungen. Lange und anhaltende Wirkung. Ausdauer, Beharrlichkeit, Gründlichkeit, Langsamkeit, Entfremdung, Einsamkeit, Kälte, Alter, Festigkeit, Härte, Verhärtungen, Ablagerungen, Mißmut, Geiz, Neid.
Ur	**Plötzlichkeit,** überraschende, unvorhergesehene **Spannungen,** Ereignisse, Aufregungen, Nervosität, Unruhe, Spontane, exzentrische, ruckartige Äußerungen, Energie, Elektrik, Neuerungen.
Ne	**Unklarheiten, Täuschung,** Nebel, Dunst, Gift, Gas, Wind, Hinterlist, Auflösung, Verneinung, Unbekanntes, Mystik, Grenzwissen, schleichende Zustände, ungewisse Entwicklungen, Flüssigkeit, Falschheit, Lüge.
Pl	**Entwicklung, Wandlung,** Wendung, Veränderung, Wachstum, Spaltung, Neuformung, Umwälzung, Transformation, Metamorphose.
Cu	**Familie, Ehe,** Gesellschaft, Geselligkeit, **Kunst, Gemeinschaftsbestrebungen.** Aktiengesellschaft.
Ha	**Einsamkeit, Mangel, Schmutz,** Armut, Widerwärtigkeit, Abfallstoffe. Lange Krankheit oder anormale, erschwerte Verhältnisse. Geschehnisse mit üblem Beigeschmack. Witwen.
Ze	**Führung, Schöpfung,** Zeugung, Zielgerichtetes Schaffen. Planvolle Tätigkeit. Weitgestreckte Ziele, Herrscher, führen oder zu sagen haben wollen. Gebundenes Feuer, gebundene Energie, Maschinen, Leistungen.
Kr	**Selbständigkeit, Autorität, Staat, Herrscher, Chef.** Die Größe, Familienoberhaupt. Der Leiter. Der Selbständige. Persönliche Selbständigkeit. Andere, die über einem stehen, was man beherrscht, wo man groß ist.
Ap	**Ruhm, größter Erfolg, größte Ausdehnung, Wissenschaft, Erfahrung,** Weite und Breite, Friede, Handel, Gewerbe.
Ad	**Größte Hemmung, Trennung, Tod, Stillstand,** Verdichtung, Urstoff, Rohstoff, Urentstehung, Rotation, Kreislauf, auf der Stelle treten.
Vu	**Größte Kraft, Macht,** Energie, höchste Gewalt.
Po	**Geist, Idee, Erkenntnis,** Lichtträger, Erleuchtung.

Bedeutung der Häuser

I. Andere Personen, Vorfahren, Familien-Mitglieder, Ehe. Der Einfluß anderer auf Leben und Lebensgestaltung. Persönliche Anlagen aus Herkunft, Vererbung und Umwelt, somit auch Niederschläge auf Körperform und Charakter des Geborenen. Wichtiges Eckhaus. Aufgabe. Wende aus Nacht zum Licht, Morgendämmerung, aufstehen, anfangen, dem Tag und dem Leben entgegen.

II. Materieller und ideeller Besitz. Geldangelegenheiten. Beweglicher Besitz. Gewinn und Verlust.

III. Nachbarschaft, kleine Reisen, kurze Reisen, kurze Wege am Ort. Besuche. Nachrichten, Briefe, Dokumente, Verträge und Absprachen, Intellektuelles.

IV. Eigenes Heim, Häuslichkeit, Grund und Boden. Wichtiges Eckhaus, der ruhende Pol des Zurückgezogenseins von des Lebens Last und Mühe, von der Unbill der Nacht und der Naturgewalt. In der Jugend der Schutz durch das Elternhaus. Im Alter das Sehnen nach der ewigen Ruh. Mitternacht. Der stärkende Schlaf, die stärkende Ruhe.

V. Unternehmungen, Spekulationen, Kinder, Geschwister, Spiel, Sport, kleine Gesellschaften, Vergnügungen, Theater, Unterricht, Jugend.

VI. Arbeit, Beschäftigung, Krankheit, Dienstboten und Untergebene.

VII. Partner, Mitarbeiter, Teilhaber, Kameraden, Ehepartner, somit auch Ehe. Bekannte und Verwandte. Die Anderheit, das Gegenüber, auch offene Gegner und Feinde, Prozesse, wichtiges Eckhaus. Im Aszendent tritt der Geborene durch seine Vorfahren in das Leben. Im Deszendent sucht er die Anderheit, durch die beider Nachfahren wieder ins Leben treten können.

VIII. Betrübnis, Tod, Leid, Erbschaft, Legate, Okkultes, Mystik, Grenzwissen.

IX. Große Reisen, entfernte Gegenden, Ausland. Höhere Vernunft, Wissenschaft, Weltanschauung, Religion, Politik. Geistige Auseinandersetzungen und Erkenntnisse, Beratung.

X. Öffentlichkeit, Beruf, Höhe des Lebens. Wichtiges Eckhaus. Hochpunkt des Tages und des Jahres. Größte Kraft und Leistung, stärkste Ein- und Ausstrahlung. Höchste Entfaltung. Das ICH in seinem Glanz.

XI. Freundschaften, Hoffnungen und Wünsche, Protektion.

XII. Abgeschlossene Baulichkeiten, Feindschaften. Zurückgezogenheit. Schlechte Gewohnheiten, Übelstände, Gefängnis, Krankenhäuser, Vereinsamung, geschlossene Gesellschaften, asoziales.

Meridian

I. Familiensinn. Enge persönliche Verbindung mit der Umwelt.

II. Will Geld verdienen. Persönlich stark an ideellem und materiellem Besitz interessiert.

III. Viele Wege. Liebt die Veränderung. Umpacken. Korrespondiert und unterhält sich gern. Ist geistig interessiert.

IV. Häuslich sein, gern basteln, seelisch am Hause hängen. Die Wurzel der Persönlichkeit liegt in der Familie, das Streben geht nach seelischer Entwicklung.

V. Vereinsbeziehungen. Geistige Übertragung auf andere. Unternehmend sein. Vergnügliche Unterhaltungen. Belehrungen.

VI. Gern arbeiten mögen. Lust und Liebe zur Beschäftigung. Immer arbeiten müssen. Krankheiten beeinträchtigen den Beruf und die Wirksamkeit in der Öffentlichkeit. Das Machtstreben ist meistens gehemmt.

VII. Seelisch stark mit Partnern verbunden. Ehe wirkt auf den Beruf ein.

VIII. Durch Krankheit oder Tod seelisch beeinflußt. Seelische Verbindung mit Ärzten, Pastoren, Beerdigungsunternehmern usw.

IX. Sehnsucht nach Außerhalb. Das Seelenheil in der Ferne suchen.

X. In der Öffentlichkeit oder im Beruf hervortreten wollen. Stark beruflich interessiert sein.

XI. Sucht Freundschaft. Seelenfreundschaft.

XII. Wünscht allein zu sein. Liebt Einsamkeit. Verbindungen, von denen man nicht viel merkt und nicht viel spricht.

Sonne

I. Männliche Bekannte und Familien-Mitglieder. Einfluß solcher auf die eigene Lebensentwicklung. Engere, persönliche Bekannte. Dem Leben zukunftsfroh entgegensehen. Bedeutsame und einflußreiche Bekannte. Förderung durch sie. Zum Erfolg aufsteigen.

II. Geldverdienen durch körperliche Arbeit. Ideeller und materieller Gewinn durch starken, persönlichen Einsatz, auch durch Beziehungen zu bekannten, anerkannten oder einflußreichen Personen.

III. Körperliche Bewegung im Freien, viele kleine Wege, persönlich geistigen Interessen nachgehen, viel Unterhaltung, Vertragsschlüsse, Besuche machen und empfangen. Naturliebe. Spaziergänge in der Nachbarschaft, kleine Reisen.

IV. Gern zu Hause sein. Grundbesitz, Erd- oder Gartenarbeit lieben. Körperlich Ruhe suchen. Viele körperliche und persönliche Beziehungen im Hause.

V. Unternehmend, liebt Spiel und Sport, wirkt belehrend. Erzieher. Männliche Kinder.

VI. Fleißig, arbeitsam, arbeitsfreudig, sich gern körperlich betätigen. Geschwächte Körperkonstitution, Krankheiten in der Jugend.

VII. Männliche Bekannte. Positiv auftretende, glänzenwollende Partner, Mitarbeiter oder Partner. Gern in Gesellschaft sein.

VIII. Tod männlicher Personen. Körperliches Ungemach. Betrübt sein, sich eingeengt fühlen. Behinderung der persönlichen Entfaltung.

IX. Große Reisen, auswärtige Beziehungen, höhere Ideale. Sich körperlich in die Ferne sehnen, nicht seßhaft, unruhig. Geistige Interessen.

X. In der Öffentlichkeit stehen, führende Stellung erstreben, zum Erfolg kommen. Ansehen genießen.

XI. Männliche Freundschaften. Förderung durch sie, erfüllte Hoffnungen und Wünsche. Persönliches, freundschaftliches Beisammensein pflegen.

XII. Körperlich in technischen Betrieben oder geschlossenen Räumen zu tun haben. Männliche Feinde, Betrübnis durch männliche Personen. Mit asozialen, kranken, betrübten oder behinderten Personen zu tun haben.

Aszendent

I. Viel Verkehr mit der Familie und der engeren Umwelt. Durch die Familie gefesselt.

II. Von anderen Personen finanziell abhängig sein. Viele Verbindungen durch Geldangelegenheiten oder mit Geldleuten. Ideeller und materieller Gewinn durch Bekannte.

III. Von anderen Personen hin- und hergeschickt werden, z. B. Stadtreisender. Bekanntschaften in der Umgebung oder durch Besuche, Briefe und Nachrichten.

IV. Seßhafte Personen. Viele Bekannte im Hause.

V. Bekanntschaften mit der Jugend oder durch Unternehmungen, Spekulation, Spiel, Vergnügen.

VI. Angestellter sein, bei anderen Personen arbeiten müssen. Verbindungen durch die Arbeit, mit Arbeitern, Untergebenen oder auch Kranken.

VII. Viele Bekanntschaften, solche mit Partnern, Mitarbeitern oder Kameraden.

VIII. Von anderen Personen betrübt werden. Kummer in Bekanntschaften. Verbindungen mit Kranken, Toten, Beerdigungsunternehmern oder Betrübten.

IX. Bekanntschaften durch Reisen, mit auswärtigen Personen oder dem Ausland, auch solche durch Wissenschaft, Politik oder geistige Interessen.

X. Bekanntschaften in der Öffentlichkeit oder durch den Beruf.

XI. Bekanntschaften durch Freunde, durch Hoffnungen und Wünsche. Bekanntschaften, die zu Freundschaften werden.

XII. Mit anderen Personen abgeschlossen sein, wenig Verbindungen haben. Vorsteher in abgeschlossenen Betrieben oder Häusern, für andere schwer zugänglich. Auch Bekanntschaften durch Neigungen und Laster oder mit Minderwertigen und Belasteten.

Mond

I. Viele Bekannte, weibliche Bekannte und Verwandte. In der Umwelt mit vielen Personen oder dem Volk Berührung haben. Wandelbarkeit, Veränderungen und Wechsel erleben. Mit Abenteurern und Abenteuern zu tun haben.

II. Schwankende Finanzen, will immer Geld haben, pekuniäre oder geschäftliche Verbindungen mit weibl. Personen oder weiteren Volkskreisen, Gewinn durch Frauen oder Handel.

III. Schneller Gedankenwechsel, viel Schriftwechsel, geistige Regsamkeit und Interessen, weibliche Nachbarn. Begegnungen mit Frauen beeinflussen das Leben, sprunghaft im Denken, neugierig, Neuigkeiten erfahren und weitergeben. Viel Wechsel in der Umgebung.

IV. Sinn für Häuslichkeit und Heimat, gern im Hause weilen, mütterlich sorgend, weibl. Personen im Hause. Wechsel und Veränderungen in häuslichen Angelegenheiten. Blumenzucht.

V. Weibliche Kinder, Geschwister, Gespielinnen, Erzieher solcher, Vergnügungen suchendes Volk. Leichte launische, wandelbare Frauen. Schwankende Unternehmungen mit oder von Frauen. Zweifelhafte Spekulationen, Vergnügungen oder romantische Erlebnisse.

VI. Gern und viel arbeiten, sehr willig, vielseitig in der Betätigung. Beschäftigung auf kleinen Gewässern. Dienstbereite, launische weibliche Arbeiter oder Volk. Wechsel in der Arbeit. Beziehungen zu Dienstboten. Wechselvolle Gesundheit.

VII. Veränderliche, launische weibliche Bekannte und Partner. Tatkräftiges Gehirn, positive Frauen. Wechsel in der Ehe. Drang in die Öffentlichkeit, nach Popularität.

VIII. Todesfall weiblicher Personen. Ungemach mit Frauen. Erbschaft oder Gewinn durch Frauen. Beziehungen zu mystisch eingestellten weiblichen Personen oder Volkskreisen.

IX. Bewegliches Gedankenleben, geistig anregend, weibliche Personen außerhalb. Reiselustig. Wechselnde religiöse, philosophische oder weltanschauliche Ansichten.

X. Viele, auch weibliche Beziehungen in der Öffentlichkeit, Wechselfälle im Beruf. Popularität, Ansehen, oft auch zweifelhafter Art.

XI. Weibliche Freundschaften, befreundetes Volk. Veränderliche Freundschaften. Wechselvolle Wünsche.

XII. Feindschaft oder Betrübnis durch weibliche Personen oder viele Menschen. Kummer durch Krankheiten oder heimliche Neigungen weiblicher Personen. Verbindung haben mit asozialen oder berüchtigten Frauen oder Volkskreisen.

Mondknoten

I. Verbindungen mit Vorfahren, Familie und der Umwelt.

II. Materielle und ideelle Verbindungen.

III. Verbindungen mit Nachbarn, durch Briefe, Verträge, Dokumente, Reise, Rede oder Schrift. Weggefährten, Hausierer.

IV. Viele Verbindungen im Heim, im Elternhaus, am Lebensabend.

V. Viele Verbindungen mit der Jugend, mit Kindern, Vergnügungen. Spekulations-Verbindungen. Verbindung mit und durch Unternehmungen.

VI. Viele Verbindungen durch die Arbeit, mit Arbeitern und Untergebenen, auch mit Kranken.

VII. Verbindungen mit Partnern, Mitarbeitern und Bekannten, mit angeheirateten Verwandten.

VIII. Durch Verbindungen Leid und Unannehmlichkeiten erfahren. Verbindungen durch Todesfälle.

IX. Verbindungen durch Reisen und auswärtige Beziehungen anknüpfen. Ferner durch Wissenschaften, Weltanschauung, Politik.

X. Berufliche Verbindungen, solche mit der Öffentlichkeit oder mit Personen, die in der Öffentlichkeit stehen.

XI. Viele Verbindungen durch die Freundschaft.

XII. Verbindungen mit Betrieben und geschlossenen Gebäuden, mit Asozialen, Kranken oder Bedrückten.

Merkur

I. Gute geistige Veranlagung durch Vorfahren. Durch Bekanntschaften und Umwelt stark geförderte geistige Entwicklung. Gewandtheit und Anpassungsfähigkeit des Denkens und Sprechens. Diplomatische, literarische, schauspielerische oder kaufmännische Neigungen. Interesse für Herkunft, sich gedanklich gern mit der Familie und Bekannten beschäftigen. Wechselvolles Geschick.

II. Andere geistig verbinden wollen, durch Rede oder Schrift zusammenbringen. Talent zum Schachern. Gern tauschen wollen. Gedanken an Geld und Erwerb, auch an ideellen Wertbesitz. Durch Rede oder Schrift oder geistige Beweglichkeit Geld verdienen.

III. Vielseitig geistig begabt und interessiert. Gedanken an kleine Wege, Unterhaltungen, Nachrichten, Schrifttum. Sich schriftlich betätigen. Gern Ausflüge und kleine Reisen unternehmen.

IV. Gern zu Hause weilen, viel an das Heim, das Vaterhaus und häusliche Dinge denken müssen. Bewegung und Unruhe im Hause, auch durch häusliche Zustände. Geistige Arbeit im Heim.

V. Sich gedanklich viel mit Unternehmungen beschäftigen, solche planen. Unterricht geben, gute Lehrtätigkeit, gern Belehrungen annehmen und die Jugend belehren wollen. Sich gern vergnügen, frohe und glückliche Unterhaltung pflegen. Lebhafte, geistig bewegliche Kinder.

VI. Geistige Beschäftigung. Beschäftigung mit geistigen Dingen. Viel an die Arbeit denken. Rührig bei der Arbeit. Viel Wechsel in der Beschäftigung. Tonangebend in der Arbeit. Viel über Krankheiten sowie krankhafte, störende, mangelhafte Zustände und ihre Heilung oder Verbesserung nachdenken und reden. Nervenstörungen.

VII. Viele geistige Verbindungen. Viel an Partner, Mitarbeiter oder Kameraden denken. Behende, wechselvolle, veränderliche Partner, viel Unruhe durch sie. Diskussionen und geistige Auseinandersetzungen mit Partnern, auch mit offenen Feinden. Unter Umständen Prozesse.

VIII. Viel an den Tod oder das Jenseits, an der Wahrnehmung entzogene Zustände denken. Okkultismus, Mystik, Grenzwissen interessiert. Sich Gedanken machen, mißgestimmt sein, zu starken Depressionen veranlagt sein.

Merkur

IX. Intellektuelle Interessen, wissenschaftliches oder philosophisches Denken, nachdenklich sein. Ungelöste oder fernliegende Probleme diskutieren oder geistig meistern wollen. Mit den Gedanken in der Ferne weilen. Große Reisen, Auslandsbeziehungen. Gute Ratschläge geben können. Starke weltanschauliche, religiöse, wissenschaftliche oder politische Interessen.

X. In der Öffentlichkeit oder im Beruf geistig tätig sein. Gute Veranlagung als Kaufmann oder Redner. Durch Rede oder Schrift oder Fingerfertigkeit in der Öffentlichkeit wirken. Durch intellektuelle oder sprachliche Fähigkeiten hervortreten, sich sonnen wollen. Der Kritik der öffentlichen Meinung ausgesetzt sein.

XI. Freundschaftsgedanken, gut Freund mit jedermann, sich gern mit Freunden unterhalten oder bei ihnen weilen, geistig interessierte Freunde haben. Mit Wünschen und Hoffnungen gedanklich stark beschäftigt sein.

XII. Mit den Gedanken für sich sein, sich abkapseln. In der Stille der Abgeschlossenheit denken und schreiben. Gut für Autodidakten, für Studium im Stillen. In größeren, technischen oder abgeschlossenen Betrieben tätig sein. Sich mit Mängeln und Lastern, Betrübnissen oder Krankheit auseinandersetzen.

Venus

I. Geselligkeit, Schönheit, Liebe und weibliche Personen beeinflussen die Beziehungen des Geborenen mit der Familie und der engeren Umwelt stark. Liebesheirat. Annehmlichkeiten, Glück und Gewinn durch andere. Geebnete Wege. Angenehme Umgebung fördert, unangenehme wird gemieden oder würde hemmen. Musikalisch oder musikliebend.

II. Geld und ideelle Werte durch Liebe, Schönheit, Schönheitsartikel, Vergnügungen, Kunst, Musik oder durch angenehme, verbindliche Art, Geldheirat erwünscht. Die angenehme Seite des Besitzes schätzen. In Geldsachen nachlässig und großzügig sein. Vom Glück in Erwerbsdingen begünstigt.

III. Liebe und Liebesbekanntschaften auf kleinen Wegen, Reisen, durch Rede oder Schrift, solche in der Nachbarschaft. Gern Wege und Reisen in angenehmer Begleitung machen, schöne und Liebesbriefe schreiben. Guter Stil. Geistige Vorteile und Fortschritte durch Liebe, Schönheit, Kunst oder Musik. Angenehme Verträge und Abmachungen.

IV. Liebe, Schönheit, Frieden und Harmonie im Heim. Freude am eigenen Herd. Angenehme Häuslichkeit. Liebestätigkeit im Hause. Harmonie und geordnete Verhältnisse am Lebensabend.

V. Annehmlichkeiten und Harmonie durch Kinder. Weibliche Kinder, mit Liebe Kinder erziehen, Jugend unterrichten und belehren. Vorliebe für angenehme Unternehmungen, solche im Zusammenhang mit Liebe, Schönheit, Kunst, Musik. Sich gern vergnügen. Neigung zu Spekulationen. Sich Kinder wünschen.

VI. Freude an angenehmer, friedfertiger Beschäftigung, solcher im Zusammenhang mit Liebe, Schönheit, Kunst oder Vergnügen. Liebestätigkeit. Liebesbeziehungen durch die Beschäftigung. Mit Liebe Kranke pflegen. Störung in der Drüsenfunktion, Krankheiten durch Liebe und Liebe durch Krankheit erfahren.

VII. Bekanntschaften ersehnen. Viele weibliche Bekannte. Liebesbekanntschaften, Liebespartner, angenehme Partner oder Mitarbeiter. Auf schöne Bekanntschaften bedacht sein. Erfolg und Glück durch Partnerschaften.

VIII. Betrübnis durch Liebe. Krankheit oder Tod geliebter oder weiblicher Personen berührt stark. Friedliches eigenes Ende. Gewinn oder Annehmlichkeiten durch Erbschaft oder Zuwendungen. Den Tod nicht fürchten, ihn als Erlösung betrachten, ihn in störenden Lebenslagen herbeisehnen.

Venus

IX. Liebe in der Ferne suchen, dort, wo sie nicht erreichbar ist. Liebe zu und auf großen Reisen. Angenehme Reisen. Glück durch sie, religiöse, weltanschauliche, philosophische oder wissenschaftliche Neigungen. Geistige Probleme gefühlsmäßig richtig beurteilen. Diplomatische Fähigkeiten.

X. Mit Liebe und Hingabe im Beruf oder in der Öffentlichkeit stehen. Liebesbeziehungen durch Beruf oder in der Öffentlichkeit. Durch Liebe, Schönheit, Kunst oder Musik bestimmtes Berufsstreben. Glück, Annehmlichkeiten und Verehrung in öffentlichen und beruflichen Angelegenheiten erleben.

XI. Weibliche Freundschaften, Liebesfreundschaften. Harmonie mit Freunden. Erfolge und Nutzen durch sie. Liebessehnsucht.

XII. Liebestätigkeit in abgeschlossen Gebäuden, Krankenhäusern, Anstalten und Betrieben. Weibliches Personal in solchen. Hilfsbereitschaft. Kümmernisse durch Liebe. Kranke weibliche Personen. Geheime Neigungen und Süchte.

Mars

I. Handelnde, mutige, impulsive, mehr männliche Vorfahren und Bekannte, durch die der Geborene in gleicher Richtung beerbt und beeinflußt wird. Sich erfolgreich gegen Widerstände und Auseinandersetzungen durchringen. Viel Kampf und Arbeit im Leben. Differenzen, Streit, hart gegen sich selbst und andere.

II. Auf Gewinn gerichtete Handlungen und Arbeit. Kampf, Streit und Auseinandersetzungen um Geld und ideellen Gewinn. Verluste durch Übereilungen und Aggression. Durch aktive Handlungen und harte Arbeit materiell vorankommen. Fordern, aber auch verschwenden.

III. Differenzen und Streit durch übereilte und scharfe Schriftstücke, mündliche oder telefonische Mitteilungen. Auseinandersetzungen mit der Nachbarschaft oder bei Besprechungen. Konsequent, korrekt, scharf und bestimmt schriftlich handeln. Zu Debatten herausfordern. Streit auf kleinen Wegen und Reisen. Verletzungen durch Unvorsichtigkeit. Über Streitfälle verhandeln. Geistige oder schriftliche Arbeit bevorzugen.

IV. Gern im Hause arbeiten. Unruhe und Streit im Hause, vielfach durch aggressive Haltung. Will häuslich herrschen, duldet keinen Widerspruch oder stößt auf Widerspruch und will ihn durch Härte brechen.

V. Unternehmend sein. Die eigene Arbeit rücksichtslos spekulativ einsetzen. Männliche Kinder. Streit mit Kindern. Sportliche Interessen, Erziehertätigkeit. Vor Übereilungen und Übertreibungen hüten.

VI. Gern und viel arbeiten. Metallarbeiten. Arbeitsame Untergebene. Differenzen in der Arbeit durch übereilte oder zu wenig überlegte Handlungen. Schnelle Entscheidungen in Arbeitsfragen. Viel Interesse an Arbeiten auf dem Gesundheitssektor. Entzündliche, fieberhafte, akute Krankheiten, chirurgische Eingriffe.

VII. Streithafte, zu Widersprüchen neigende, handelnde und aktive Partner. Differenzen mit Partnern. Übereilungen und Unvorsichtigkeiten in der Wahl von Partnern. Starke Leidenschaften, übereilte Ehe.

VIII. Schnelle Todesfälle. Verletzungen männlicher Personen. Streit und Differenzen durch Erbschaften und Legate. Betrübnis durch eigene Handlungen. Vor zerstörenden, übereilten und ungenügend überlegten Handlungen hüten. Schlechtes wünschen. Unheilbringende Entscheidungen und Taten.

Mars

IX. Drang in die Ferne, Gefahr auf Reisen. Wissenschaftliche, philosophische, weltanschauliche, religiöse oder politische Arbeit. Beschäftigung mit in der Zukunft liegenden Problemen. Tatkräftige Ratschläge. Mit der Tätigkeit zusammenhängende große Reise.

X. Tatendrang in der Öffentlichkeit und im Beruf. Befehlen wollen, läßt sich nicht verdrängen, weicht nicht zurück. Aggressiv, hart, kampflustig und oft unberechenbar sein. Übereilungen und Unüberlegtheiten sowie gewaltsam herbeigeführte Entscheidungen schaden beruflich, bringen Streit, Ärger und Aufregung sowie Mißkredit.

XI. Tatkräftige, unberechenbare männliche Freunde, Streit und Differenzen mit ihnen. Übertriebene Hoffnungen und Wünsche. Freundschaftliche Handlungen.

XII. Leidbringende, übereilte Taten und Entscheidungen. Heimliche, leidenschaftliche Handlungen und Laster. Feindschaften. Arbeit in Betrieben und abgeschlossenen Gebäuden.

Jupiter

I. Glückliche Herkunft, guter Verwandtenkreis. Glückliche Ehe und Familienverbindungen. Durch Herkunft und Umwelt glücklich und optimistisch, heiter und freundlich veranlagt. Setzt sich erfolgreich durch. Viele glückliche und fördernde Bekanntschaften. Geebnete Wege.

II. Glück und Erfolg in finanziellen Dingen. Freude an der Erwerbsarbeit. Ideeller Gewinn. Durch Großzügigkeit Minderung des Gewinnes.

III. Zufriedenheit mit der Umgebung. Glückliche Nachrichten und Gedanken. Glücksfälle durch Verträge. Abmachungen, Schriftstücke, Reisen, durch Intellektuelle Beschäftigung und in geschäftlichen Dingen.

IV. Glück im Heim, ein glückliches, eigenes Heim. Grundbesitz erstreben. Wohlstand im Elternhaus oder im Alter.

V. Glück durch Unternehmungen, Spekulation, Kinder, durch Belehrung und lernen, durch Vergnügungen und Liebschaften. Sein Glück in dieser Richtung suchen.

VI. Glück, Erfolg und Zufriedenheit in der Arbeit, mit Untergebenen, im allgemeinen auch mit der Gesundheit. Bei Krankheit gute Heilung. Auch Gewinn und Erfolg auf dem Gebiete des Gesundheitswesens.

VII. Glückliche Partner, Mitarbeiter, Kameraden, Glück und Nutzen durch solche. Gutsituierte, zufriedene, heitere Bekannte. Vorteil durch Teilhaberschaften. Glück bei Prozessen und offenen Feindschaften.

VIII. Glück durch schnelle Todesfälle. Schnelle Todesfälle. Erbschaften, Mitgift. Freude an oder Nutzen durch Grenzgebiete oder Angelegenheiten, die mit dem Tode oder dem Ungewissen zu tun haben. Friedliches Ende. Sich vom Glück vernachlässigt fühlen, sich deshalb das Ende wünschen.

IX. Glück in der Fremde. Naheliegendes Glück nicht sehen, es in der Ferne suchen. Glück durch große Reisen, wissenschaftliche, philosophische, weltanschauliche oder andere geistige Interessen. Großes hierin leisten können.

X. Glück im öffentlichen Leben oder in beruflichen Dingen. Große Erfolge, Ehren und Anerkennungen. Glückliche Veranlagung, sonnig und heiter, wohltätig und großzügig. Öffentlicher Ratgeber.

XI. Glückliche Freundschaften. Glück in der Freundschaft suchen. Erfüllung von Hoffnungen und Wünschen. Angesehene Freunde. Nutzen durch sie. Protektion. Geebnete Wege.

XII. Zufriedenheit in der Zurückgezogenheit, in abgeschlossenen Gebäuden, großen Betrieben oder Anstalten. Erfolgreich mit Asozialen, Bedrückten oder Kranken zu tun haben. Nutzen durch Feinde.

Saturn

I. Trennungen, Schwierigkeiten oder Verluste durch Beziehungen zur Umwelt, zu Vorfahren oder durch eheliche Verhältnisse, Schwierigkeiten im Vorwärtskommen, Verzögerungen, Hemmungen durch Langsamkeit, Bedächtigkeit, zu spät gefaßte Beschlüsse. Durch Ausdauer, Beharrlichkeit und Fleiß wird manches wett zu machen sein. Durch Erbmasse ernst und bedrückt, mit Mängeln behaftet.

II. Mühsam Geld verdienen. Leicht Verluste haben. Kann durch Sparsamkeit und Beharrlichkeit langsam zu Wohlstand kommen. Geiz. Strebt nach Grund und Boden. Am günstigsten bei saturnischen Berufsangelegenheiten.

III. Trennungsnachrichten. Kummer durch Nachbarn, Bekannte, Schrifttum, Verträge, Reisen, durch Äußerungen des Denkens. Nachdenklich und ernst.

IV. Trennungen im Hause. Besitzverluste oder Schwierigkeiten. Im Hause bedrückt und mürrisch sein, dürftige Verhältnisse.

V. Trennung von Kindern, Kummer mit ihnen. Verdruß im Spiel und bei Vergnügungen. Verluste durch spekulative Unternehmungen.

VI. Schwierigkeiten und Trennung in der Arbeit. Langsam aber gründlich arbeiten. Ausdauer bei der Arbeit, Störungen durch Krankheit. Chronische und Verhärtungsleiden. Erkältungen.

VII. Trennung von Partnern, Mitarbeitern oder Kameraden, Verluste durch diese. Schwer Verbindung bekommen. Kummer durch offene Gegner oder Prozesse. Ernste, sparsame, fleißige Partner.

VIII. Betrübnis durch Todesfälle. Tod durch Altersschwäche. Kummer durch Erbschaften.

IX. Trennungen und Schwierigkeiten durch Reisen oder auswärtige Beziehungen. Für ernste wissenschaftliche oder weltanschauliche Interessen günstig. Durch Ernst und Ausdauer vorwärtskommen.

X. Schwierigkeiten im Beruf und in der Öffentlichkeit. Betrübnis. Schwer arbeiten müssen, um vorwärts zu kommen. Unter Druck stehen, Widerstände überwinden müssen. Ernst, durch Ausdauer, Beharrlichkeit und Gründlichkeit hochsteigen, durch Übertreibung tief stürzen.

XI. Trennungen und Kummer durch Freundschaften. Nicht erfüllte Wünsche. Ältere, oft treue Freunde.

XII. Verdruß oder Verluste durch Feindschaften, Asoziale, Betrübte oder Kranke. Langdauernde Trennungen. Hemmungen durch Neigungen und Laster. Sorgen.

Uranus

I. Plötzliche Ereignisse, Veränderungen, Überraschungen und Aufregungen in der Familie, Ehe sowie in den Beziehungen zu Vorfahren, Verwandten und engeren Bekannten. Spontane und entscheidende Umstellungen im Leben. Plötzliche Bekanntschaften. Eigenartig, originell, erfinderisch. Neuerungen zugänglich.

II. Plötzliche, überraschende, auch aufregende Geldsachen. Gewinne, Verluste, eigenartige, ideelle Bereicherungen. Gewinngebende Neuerungen, Erfindungen und Absonderlichkeiten, spontane materielle oder ideelle Umstellungen.

III. Plötzliche, aufregende, in Spannung versetzende Nachrichten, Telegramme. Unterredung, Reisen. Aufenthaltswechsel. Einschneidende Verträge und Abmachungen. Originelle Einfälle. Interesse für Grenzwissenschaften und Neuerungen.

IV. Plötzliche Ereignisse und Wechsel im Hause. Besitzwechsel. Häusliche Aufregungen. Umstellungen und Auftritte. Spannungen im Elternhaus und am Lebensende.

V. Plötzliche Ereignisse und Aufregungen mit Kindern, durch Unternehmungen, Vergnügungen, Spiel oder Spekulation in Spannung gehalten. Gewinne, Verluste. Romantische Liebschaften. Liebt technische Belehrungen und durch Rhythmus und Tanz bestimmte Unterhaltungen.

VI. Plötzliche Erregungen und Ereignisse in der Beschäftigung. Unfälle, nervöse Zustände. Technische Berufe. Wechselvolle Arbeit, spontane Umstellungen. Eigenartige Gesundheitszustände.

VII. Plötzliche Bekanntschaften. Aufregende Ereignisse mit Partnern oder Mitarbeitern. Sonderbare, nervöse, feinnervige Partner. Erregungen durch offene Gegner oder Prozesse.

VIII. Plötzliche oder eigenartige Todesfälle oder Unfälle. Aufregungen und Wechsel durch solche. Okkulte Interessen.

IX. Überraschende, oft aufregende Reisen oder auswärtige Beziehungen. In Spannung gehalten werden durch Weltanschauung, Philosophie, Politik oder Wissenschaften. Interesse für technische Wissenschaften, Erfindungen und fortschrittliche Ideen.

X. Aufregungen und Überraschungen im Berufsleben und in der Öffentlichkeit. Plötzliche Umwälzung im Beruf oder im öffentlichen Leben. Technische Berufe. Erfinder. Neuerer, Reformatoren. Sonderbare Charaktere. Originelle Einfälle. Seelische Spannungen.

Uranus

XI. Plötzliche Freundschaft. Durch Hoffnungen und Wünsche oder Freundschaften in Spannung gehalten werden. Unerwartete oder aufregende Ereignisse in der Freundschaft. Originelle oder sonderbare, aus dem Rahmen fallende Freunde.

XII. Plötzliche Feindschaften oder Betrübnisse. Aufregungen und Wechsel durch schlechte Neigungen oder asoziale, kranke oder benachrichtigte Personen. Spannungen durch technische Betriebe, Fabriken, Krankenhäuser oder Anstalten.

Neptun

I. Unklarheiten, Täuschungen oder Enttäuschungen in der Verwandtschaft, Ehe oder Umwelt. Lüge, Betrug oder Heimlichkeiten anderer erleben. Unklare Bekannte. Geheimnisse in der Ehe oder Familie. Ablehnung erfahren. Durch Herkommen oder Umwelt Entbehrungen auferlegt bekommen oder mit unsicheren, ungewissen Zuständen oder Zeiterscheinungen anderer viel Berührung haben.

II. Geldverluste, Fehlspekulationen, ungewisse Finanzen. Um Besitz betrogen werden. Geld durch geheime Machenschaften, durch unsichere Geschäfte, auf dunklen oder nicht einwandfreien Wegen, aber auch durch Chemie. Flüssigkeiten. Verflüssigungen, Verdampfungen, Mystik, Mediumismus, kurz durch Neptun charakterisierte Artikel oder Berufe.

III. Kummer durch Verträge, kleine Wege, durch Reden und Schreiben, Verwandte, Bekannte und Nachbarn. Geheimnisvoll, unklar und unsicher denken, reden und mitteilen. Eigenartige, verschwommene Ansichten.

IV. Geheimnisvolle, undurchsichtige Ereignisse oder Zustände im Elternhaus oder am Lebensende. Besitzverluste durch Heimlichkeiten oder unklare Zustände.

V. Spekulationsverluste, ungewisse Unternehmungen. Heimliche Liebschaften. Von Kindern hintergangen werden. Kummer durch Lehrtätigkeit. Geheimnis um Kinder. Verneinung von Nachwuchs, zurückgebliebener oder schwächlicher Nachwuchs.

VI. Heimlichkeiten, Falschheit, Lüge oder Betrug in der Arbeit erleben. Beschäftigung an oder auf dem Wasser, mit Wasser, Flüssigkeiten oder aufgelösten Stoffen. Unerklärliche Krankheiten und Zustände. Blutentmischung. Bleichsucht, Hysterie. Durch üble Nachrede beschäftigungslos werden.

VII. Geheimnisvolle Bekannte, denen nicht zu trauen ist, hinterlistige Feinde, unklare Prozesse. Unglückliche Partner oder Ehe. Unklarheiten, Täuschung, Betrug in Partnerschaften. Geheime Partnerschaften.

VIII. Tod und Krankheit durch Gift, Gas, Seuche oder Hinterlist, durch schleichende Krankheiten, Wasser oder Luft. Unbekannte Todesursache. Geheimnisvolle Todesfälle. Um Erbschaft betrogen werden.

Neptun

IX. Geheimnisse, Heimlichkeiten oder unklare Zustände in der Ferne oder auf Reisen. Beunruhigungen. Unglückliche Reisen. Verleumdungen oder Verluste von auswärts. Falsche Auskünfte, nicht gut gemeinter Rat. Interesse für Geheimwissenschaften, Mystik, für unbekannte und ungeklärte Forschungsgebiete, auch Religion und Politik.

X. Auf der Höhe des Lebens Enttäuschungen, Verluste und Unklarheiten im Beruf und in der Öffentlichkeit. Beruflich Sand in die Augen streuen, sich bewußt unklar verhalten, täuschen, schwindeln, von anderen aber Aufrichtigkeit verlangen. Sehr empfindlich und feinfühlig. Geschäftsgeheimnisse und Heimlichkeiten im Geschäft hüten. Für feine Schwingungen empfänglich, liebt Saiteninstrumente.

XI. Falsche Freunde. Enttäuschungen durch sie. Geheimnisse in der Freundschaft. Enttäuschte Hoffnungen, fehlgeschlagene Wünsche.

XII. Heimlichkeiten in Betrieben. Kummer durch heimliche Neigungen und Laster. Lüge, Falschheit, Betrug durch heimliche Feinde und durch Asoziale und Kranke. Verbannung. Gefangenschaft. Ärzte und Richter sammeln beruflich eigenartige Erkenntnisse durch ihre Klienten.

Pluto

I. Schwerwiegende Wandlungen, Entwicklungen oder Veränderungen in der Familie, Ehe oder Umwelt. Großen Veränderungen im Leben ausgesetzt sein.

II. Wandlungen und Veränderungen in den Besitz-Verhältnissen. Wechsel und Veränderungen im Erwerbsstreben.

III. Reisen, Nachrichten. Vereinbarungen, die große Veränderungen nach sich ziehen. Entwicklung des Denkens, veränderliches Denken, Entwicklung und Umformung der mündlichen oder schriftlichen Ausdrucksform. Entwicklung und Wandlung im Nachrichtenwesen. Wandlungen der Schriftform.

IV. Häusliche Wandlungen. Veränderungen im Heim. Viel Wechsel oder persönliche Wandlungen durch häusliche Verhältnisse.

V. Zellteilung. Sprossung. Wandlung durch Unternehmungen und Spekulationen. Völlige Veränderungen in den persönlichen Vergnügungen und Unterhaltungen. Zwillingsnachkommen.

VI. Veränderungen in der Arbeit oder durch die Arbeit. Entwicklungsarbeiten. Krankheitsstadien: Krankheit durch Zellveränderungen.

VII. Wandelbare Partner und Wandlungen durch sie. Große Veränderungen durch Prozesse und Gegner. Prozessentwicklungen. Entwicklungen in der Ehe.

VIII. Einschneidende Wandlung, betrübliche Entwicklungen durch Todesfälle. Auferstehung, Erbschaften, Verjüngung, mystische Erlebnisse.

IX. Veränderungen und Wandlungen in weltanschaulichen oder wissenschaftlichen Dingen oder durch Reisen. Spaltungen im politischen Leben.

X. Veränderungen im Berufsleben und Wandlungen des Berufes. Mehrere Berufe zu gleicher Zeit. Berufswechsel. Veränderungen im öffentlichen Leben.

XI. Wandelbare Freunde, Veränderungen und Entwicklung der Hoffnungen, Wünsche und Freundschaften.

XII. Veränderungen, die sich unter der Oberfläche vollziehen, nach außen hin nicht wahrnehmbar. Auch Entwicklungen und Wandlungen in Betrieben oder abgeschlossenen Gebäuden. Wandlungen durch schlechte Neigungen.

Cupido

I. Geselligkeit und Harmonie in der Ehe, Familie oder Umwelt. Neigung zu Gemeinschaftsbestrebungen, Vereins- und Gesellschaftswesen. Künstlerische Vorfahren oder Familien-Mitglieder.

II. Geld durch Ehe, Teilhaber, Gesellschafts-Geschäfte, auch Kunst oder Kunstgewerbe.

III. Geselligkeit auf Reisen lieben. Gemeinsame Unterhaltung. Mit Handels-, wissenschaftlichen oder Verkehrs-Gesellschaften schriftlich, gedanklich, durch Verhandlung oder Reise zu tun haben. Künstlerische Interessen oder Gespräche.

IV. Geselligkeit im Heim, künstlerisches Heim. Sich in Vereinen oder Gesellschaften zu Hause fühlen. Künstlerische Arbeiten im Hause.

V. Zu geselligen Vergnügungen geneigt. Künstlerischer Nachwuchs. Gemeinsamer Unterricht, gemeinsame Belehrungen oder Unternehmungen.

VI. Gemeinsame Arbeiten lieben. Harmonische Zusammenarbeit. Arbeit in Vereinen oder Gesellschaften. In den Mußestunden künstlerisch tätig sein.

VII. Künstlerehe, geselliges Familien- oder Gemeinschaftsleben. Harmonische Partner oder Bekannte.

VIII. Betrübnis in der Ehe oder in gemeinsamen Bestrebungen. Durch Krankheit oder Tod getrennte Gemeinschaften. Häufung von Todesfällen.

IX. Interessengemeinschaft mit auswärtigen Gesellschaften. Familienbeziehungen nach auswärts. Gesellschafts-Bestrebungen mit künstlerischen, wissenschaftlichen, religiösen oder politischen Gemeinschaften.

X. Gemeinsame berufliche Bestrebungen. Berufsgesellschaften. Viel Geselligkeit in der Öffentlichkeit und auf der Höhe des Lebens. Künstlerische oder der Unterhaltung und Geselligkeit dienende Berufe.

XI. Viele harmonische Freundschaften, künstlerische Freunde. Geselligkeit unter Freunden. Gesellige Unterhaltung wünschen.

XII. Geheime oder eingeschränkte Gesellschaften oder Geselligkeiten. »Unter Ausschluß der Öffentlichkeit«. Gemeinsame Unterhaltung oder Beschlüsse im kleineren Kreis. »Das Gericht zieht sich zur Beschlußfassung zurück«. Betrübnis bei Geselligkeiten oder in Gemeinschaften. Schlechte Gesellschaft. Vulgäre Kunst.

Hades

I. Betrübnis und Widerwärtigkeiten in der Familie, Ehe oder Verwandtschaft. Schlechte Einflüsse durch Herkommen oder Vererbung. Sich gegen starke Widerstände im Leben durchsetzen müssen. Kummer durch die Umwelt.

II. Finanzieller Kummer. Beschränkte ideelle Interessen. Geld durch Abfallstoffe, unterirdische Produkte, auch Textilien, Rohstoffe.

III. Kummervolle, widerwärtige Nachrichten oder Unterhaltungen. Häßliche anonyme Briefe, Bettelbriefe. Verlust und Verdruß bringende Verträge. Unglückliche oder Einschränkungen unterliegende oder kleine Reisen. Ärmliche Umgebung. Hintergedanken haben oder durch solche beeindruckt werden. Sich in Gedanken mit üblen Dingen befassen.

IV. Häusliche Widerwärtigkeiten. Ungemach am Lebensabend. Gehütete häusliche Heimlichkeiten. Kummer oder Beschränkung im Elternhaus oder im eigenen Heim. Sich häuslich bescheiden können oder müssen. Schlechte verfallene Gebäude, Ruinen.

V. Widerwärtigkeiten oder Verdruß durch Kinder. Fehlgeburt, Abtreibung. Kummer durch Unternehmungen, Spekulation, Unterricht, Spiel. Schlechtes Unternehmen. Vulgäre Vergnügungen.

VI. Kummer und Verdruß in der Arbeit. Widerwärtigkeiten mit Untergebenen, Arbeitsmangel, mangelhafte Arbeit. Beschäftigung in Anstalten, Sanatorien, Krankenhäusern. Schlechte Fälle bearbeiten. Mangelkrankheiten.

VII. Widerwärtigkeiten und Kummer durch Partner, Mitarbeiter, Teilhaber. Ärmliche, häßliche, gemeine Partner. Partner mit geringem Niveau. Kümmernisse Bekannter und Verwandter.

VIII. Trauriger Tod, Tod durch Entbehrung oder Siechtum. Widerwärtigkeiten durch Todesfälle. Schlechte Erbschaft.

IX. Betrübnis und Kummer durch Reisen und auswärtige Beziehungen. Geschichtswissenschaft. Politik. Bodenwirtschaft. Über naheliegenden Kummer oder Verdruß hinwegsehen, erhaben sein.

X. Mißgeschick im Beruf. Seelisch niederdrückende Zustände. Unbehaglichkeit. In der Öffentlichkeit mit widrigen Umständen zu tun haben. Schlechte Geschäfte. Beruflich Nutzen aus Geschäften mit Abfallstoffen, Rohstoffen, Erdprodukten. Textilien.

XI. Freundschaften mit alleinstehenden, bedrückten oder kranken Personen. Kummer und Widerwärtigkeiten in der Freundschaft. Wünsche, die sich nicht erfüllen. Schlechte Wünsche.

XII. Schlechte Neigungen. Kummer durch Feindschaften. Krankheiten, asoziale oder bedrückte, bzw. einem nicht wohlgesinnte Personen. Unangenehme kriminelle oder gerichtliche Angelegenheiten.

Zeus

I. Schöpferische, tatkräftige, unternehmende Vorfahren oder Verwandte. Fruchtbare Ehe. Sich zielbewußt, planmäßig und kraftvoll durchsetzen. Aktive Persönlichkeit und gesundes Erbgut. Führungsneigung.

II. Gewinn durch tatkräftige Unternehmungen, persönliche Initiative, hochgesteckte Ziele. Nutzen durch Waren, die durch Feuer veredelt sind. Berufe, die mit Feuer oder Maschinen zu tun haben.

III. Schöpferisch, fortschrittlich denken, sprechen, schreiben. Reisen, die auf inneren und äußeren Druck hin unternommen werden müssen.

IV. Im Hause schöpferisch tätig sein. Fleißige, unternehmende, zielbewußte Eltern. Grundbesitz oder Eigenheim erstreben.

V. Gesunde Kinder, die den Stammbaum kräftigen. Großer, zielklarer Unternehmungsgeist. Realisierung schöpferischer Unternehmungen.

VI. Rastlos tätig sein. In der Arbeit zeugungsfähige Phantasie entwickeln. Großer Tatendrang. Entwicklungsarbeiten.

VII. Unternehmungsreicher Partner, aktive Mitarbeiter, Teilhaber und Kameraden. Männliche Verwandte und Bekannte. Scharfe Gegner.

VIII. Tod durch Verbrennen, Erschießen oder Blitzschlag, auch Schlaganfall. Durch Todesfall, Mystik oder Grenzgebiete schöpferisch angeregt werden.

IX. Schöpferische, auswärtige Unternehmungen. Nach auswärts gerichtete Pläne und Ziele. Technisch oder wissenschaftlich schöpferisch sein. Führender Geist.

X. Schöpferisch beruflich oder in der Öffentlichkeit tätig sein. Führend und unternehmend sein. Anerkannt werden, sich durchsetzen. Ruf genießen.

XI. Unternehmende, tatkräftige Freunde. In die Tat umgesetztes Hoffen und Wünschen.

XII. Fabriken. Mit Werkzeugen in geschlossenen Räumen arbeiten. Durch Fabrikationsbetrieb entstandene Dinge. Geheimgehaltene Erfindungen.

Kronos

I. Selbständige Personen in der Familie und Umwelt. Leitend befähigte Vorfahren. Das Leben bewußt, planmäßig und mit gutem Fingerspitzengefühl für den rechten Weg anpacken. Große Pläne, leiten und führen wollen. Können entwickeln. Von der Familie oder Ehe beherrscht werden.

II. Geld durch Selbständigkeit oder durch den Staat. Große Geldinstitute. Großverdiener. Ideeller Reichtum. Großzügigkeit.

III. Mit führenden Geistern und selbständigen Personen Unterhaltung und Korrespondenz pflegen. Anerkanntes selbständiges Denken. Bedeutungsvolle kleine Reisen und Wege.

IV. Besitz durch Vorfahren oder eigene Initiative. Mit Größen im Hause verkehren. Großgrundbesitz.

V. Große und selbständige Unternehmungen. Selbständige Kinder. Kinder, die sich über das Niveau erheben. Gute Erzieher haben.

VI. Abteilungsleiter, selbständig in der Arbeit sein wollen. In der Arbeit führend sein, mit Großen zu tun haben.

VII. Selbständige Partner, Mitarbeiter und Bekannte. Große Gegner.

VIII. Todesfälle selbständiger oder leitender Personen. Zuwendungen von verstorbenen Großen. Tod durch höhere Gewalt.

IX. Hilfe von außerhalb oder durch fremde Staaten. Wissenschaftliche, weltanschauliche oder politische Selbständigkeit. Auswärtige Größen. Große, bedeutungsvolle Reisen. Geistige Reife, großes Wissen.

X. Selbständig im Beruf. Größen in der Öffentlichkeit. Auf der Höhe des Lebens etwas zu sagen haben, anerkannt sein. Weittragende geschäftliche Unternehmungen.

XI. Selbständige oder führende Freunde. Große Wünsche.

XII. Kummer durch Selbständigkeit und Initiative. Große Feinde, von deren Machenschaften beherrscht werden. Größe entwickeln in Anstalten, Krankenhäusern oder großen Betrieben. *Größe entwickeln in der Zurückgezogenheit, Autodidakt lernen*

Apollon

I. Familiäre Beziehungen zu Vielen. Durch Familie oder engere Umwelt mit Handel, Gewerbe oder Wissenschaft verbunden. Große Familie. Berühmte Vorfahren.

II. Geld durch Wissenschaft, Handel oder Gewerbe, Ausdehnung des Besitzes.

III. Sprachgewandt, viele Gespräche, viele kleine Wege, Briefe, Nachrichten. Viele Geschwister.

IV. Handel oder Wissenschaft im Hause. Viele gehen im Hause ein und aus.

V. Unternehmungen wissenschaftlicher oder gewerblicher Art, viele Kinder. Großzügige Spekulationen, wissenschaftlich tätige Nachkommen.

VI. Ausgedehnte Arbeit. Betätigung im Handel, Gewerbe und Wissenschaft.

VII. Mit Partner durch Handel und Wissenschaft verbunden sein. Viele Bekannte. Große Prozesse mit gutem Ausgang.

VIII. Umfangreiche Betrübnis, okkulte Wissenschaft. Das Wissen vom Jenseits. Verluste im Handel und Gewerbe. Umfangreiches Risiko.

IX. Gut für Religion, Wissenschaft und Forschung. Großer geistiger Horizont.

X. Durch Gewerbe, Wissenschaft oder Handel in der Öffentlichkeit stehen. Umfangreiche, berufliche Erfahrungen und Beziehungen.

XI. Ausgedehnte Freundschaften durch Gewerbe, Handel und Wissenschaft. Gutsituierte Freunde. Großzügige Hilfe und Protektion.

XII. Handels- und Industriebetriebe. Die im Geheimen betriebene Wissenschaft oder Fabrikationsgeheimnisse.

Admetos

I. Schwerste Widerstände in der Umwelt. Wege durch dunkle Niederungen. Bedrückende Familien-Verhältnisse. Erschwerte Entfaltung. Zurücksetzungen, Unterdrückung. Herkunft aus kleinen, engen Verhältnissen.

II. Besitz und Vermögen unter Druck und Einengung. Gegen schwere Widerstände erworbener oder wegen zu schwerer Widerstände verlorener Besitz. Bei gutem Horoskop Geld durch feste Stoffe, Rohstoffe, Brems-, Halte-, Verdichtungs-Artikel.

III. Gegen schwerste Widerstände geistig nach Tiefe und Festigkeit streben. Druck und Beengung durch Gedanken, Wort und Schrift, Dokumente, Verträge, Reisen und kleine Wege. Feste Meinungen und Ansichten.

IV. Grundbesitz oder gegen schwerste Widerstände fest begründete Häuslichkeit erstreben. Beengt sein durch elterliche oder eigene häusliche Verhältnisse bzw. sich dagegen wehren.

V. Unter Druck und Einengung stehende, aber mit Ernst und Vorsicht betriebene Unternehmungen. Spiele, Vergnügungen, Spekulationen, Schul- und Lehrangelegenheiten. Große Schwierigkeiten durch Nachkommen oder der Nachkommen.

VI. Mit höchster Geduld und Ausdauer gegen größte Hemmungen arbeiten. Arbeit oft als Last empfinden, sie unter dem Druck gesundheitlicher Einengung verrichten. Arbeit mit Rohstoffen, Brems- oder Dichtungsgegenständen oder auf dem Gebiete der Geschichte oder Weltenmechanik, der Urentstehung, Altertumskunde und dergleichen.

VII. Ernst und tief veranlagte oder bedrückend und hemmend wirkende Partner, Mitarbeiter, Teilhaber oder Kameraden. Schwere Widerstände durch offene Gegner oder Prozesse.

VIII. Schwere Todesfälle. Betrübnis, Einengung und Hemmung durch solche oder durch Angelegenheiten, die mit Tod oder okkulten, grenzwissenschaftlichen Dingen zusammenhängen.

IX. Tiefe philosophische oder weltanschauliche Erkenntnisse. Schwere Widerstände durch auswärtige Beziehungen oder große Reisen. Hindernisse in der Ferne suchen, naheliegende nicht erkennen.

Admetos

X. Fast unüberbrückbare Widerstände, schwerste Beklemmungen in der Öffentlichkeit oder beruflichen Dingen. Mit Rohstoffen oder festgefügten Materialien beruflich zu tun haben. Bei günstigem Horoskop: sich mit Beharrung und Druck durchsetzen. Schwer errungene Erfolge.

XI. Wenig, aber tiefe, treue Freundschaften. Wünsche und Hoffnungen, die sich nicht erfüllen. Bei schwerster Anlage gehemmt durch Freunde.

XII. Feste Stoffe verarbeitende Betriebe, Herstellungsmethoden vertiefen und fest fundieren. Große Hemmungen und Verluste durch Betriebe, geschlossene Gesellschaften, heimliche Neigungen, Feindschaften, minderwertige oder übelwollende Personen.

Vulkanus

I. Machtstrebige, große Energie oder Gewalt entfaltende Verwandte oder engere Bekannte. Großes vollbringen wollen. Vor größte Entscheidungen gestellt werden. Energievoll, Machthunger. Persönliche Vitalität. Von Vorfahren ererbte Lebensenergie. Gut als Gesundheitsfaktor.

II. Besitz durch Strebsamkeit, Unternehmungslust, Energie, durch mächtige und bedeutende Personen. Mit Gewalt zu Geld kommen wollen. Ideelle Werte durch energischen Einsatz erwerben. Auf Erwerb gerichtete Lebenskraft. Gefahren und Vorteile, dadurch.

III. Viel Energie und Zielstrebigkeit auf kleinen Reisen oder Wegen, durch Rede oder Schrift anwenden oder erfahren. Geistige Energie entfalten. Macht erstreben.

IV. Grundbesitz Mächtiger. Regierungsgebäude. Monumentalbauten. Durch große, eigene Leistungen oder mächtige Vorfahren zu Grundbesitz kommen. Macht im Hause erfahren oder ausüben. Lebenskraft aus dem Boden, aus dem Heim oder der Häuslichkeit ziehen.

V. Großer Unternehmungsdrang. Beherrschende Unternehmungen. Durchschlagende Spekulationen. Erfolgreich studieren. Macht und Wissen entfaltende Kinder. Gesunder Nachwuchs. Starke Sexualität.

VI. Mächtiger Arbeitsdrang. Durch die Arbeit Macht bekommen oder erstreben. Energische Untergebene. Zwang bei der Arbeit. Lebensenergien und deren Einfluß auf Arbeitsgebiete und umgekehrt.

VII. Macht ausüben oder haben wollende, energische Partner, solche, die Großes leisten, Gewalt durch offene Gegner, Partner, Mitarbeiter. Aus der Ehe oder aus Partnern seine Lebensenergie schöpfen. Stütze finden. Einschneidende Prozesse.

VIII. Durch Gewalt oder Schlaganfall Tod. Macht durch Todesfälle, gewaltsames Ausscheiden anderer oder Erbschaft. Betrübnis durch Macht oder Gesetz. Beschränkte Macht. Geschwächte Lebensenergie. Tod durch Erlöschen der Lebenskraft.

IX. Diplomatenreisen. Reisen von Gewalthabern. Reisen, die unter Zwang stehen. Machtvolle, gewaltige Reisen. Gewaltige geistige Energie-Einsätze auf wissenschaftlichen, weltanschaulichen oder politischen Gebieten.

Vulkanus

X. Leistungsvolle, machtvolle Geschäfte. Bedeutende Leistungen im Beruf oder in der Öffentlichkeit. Durch größten Energie-Einsatz zur Höhe kommen, beruflich Macht gewinnen. Öffentliche Gewalt spüren oder solche ausüben.

XI. Große, bedeutende oder mächtige und energische Freunde. Durch solche zum Vorwärtskommen angeregt werden.

XII. Energiebetriebe. Mächtige Bauten. Geschlossene Großbauten. Mächtige Feinde. Gewalt und Verdruß erfahren durch Asoziale, Kranke und Minderwertige. Energie entfalten auf dem Gebiete des Krankenhaus-, Anstalts- oder Betriebswesens.

Poseidon

I. Geist- oder erkenntnisreiche Vorfahren. Verwandte oder engere Bekannte. Erkenntnisse aus der Ehe oder Umwelt ziehen und zur geistigen Fortentwicklung einsetzen. Erleuchtungen haben. Geistig eingestellt sein. Zu Hoffnungen berechtigen.
II. Besitz und Verdienst durch geistige Erkenntnisse. Geistiger oder Ideen-Reichtum.
III. Durch Unterhaltung, Rede oder Schrift geistige Erkenntnisse erwerben oder verbreiten. Ästhetiker. Reisen und Wege aus diesen Gründen.
IV. Erkenntnisse und feingeistige Unterhaltungen im Hause oder durch häusliche Erlebnisse. Ideenreich gebaute Häuser.
V. Große Erkenntnisse oder Ideen spekulativ oder geschäftlich verwerten. Geistreiche Nachkommen. Erkenntnisse durch Unternehmungen. Spekulation, Spiel, Vergnügungen. Spekulation auf geisteswissenschaftlichen Gebieten. Freude und Unterhaltung durch geistige Unternehmungen.
VI. In der Arbeit ideenreich. An geistigen Erkenntnissen arbeiten. Erkenntnisse bei der oder durch die Arbeit, durch Untergebene auf gesundheitlichem Gebiet.
VII. Geistreiche Partner und Mitarbeiter. Erkenntnisse durch solche. Feinsinnige Gegner. Erkenntnisreiche Prozesse.
VIII. Tod geistreicher Personen. Okkulte Erkenntnisse. Nutzen durch Erkenntnisse und Ideen Verstorbener oder Erbschaften von solchen Personen.
IX. Prediger. Hochgeistige, ideen- und erkenntnisreiche Wissenschaftler, auch Politiker. Stark geistig interessiert sein. In der Zukunft liegende Ideen. Erkenntnisse vorausnehmen, in die Ferne denken.
X. Feingeistige Berufe. Große Erkenntnisse und Ideen in der Öffentlichkeit oder im Beruf auswerten oder entwickeln. Ehrungen für geistige Leistung. Vielseitige Berufseignung auf geistigen Gebieten.
XI. Erkenntnis und ideenreiche geistige Freunde. Bedeutende oder wissende Freunde. Geistige Wünsche, die sich erfüllen.
XII. Große Erkenntnisse und Ideen auf dem Gebiet des Gesundheitswesens, der Asozialen, Minderwertigen und Bedrücktenförderung. Erkenntnisse durch solche Personen, auch betrübliche Erkenntnisse.